Les volca

Illustré par Sylvaine Peyrols,
Christian Broutin et Daniel Moignot
Réalisé par Gallimard Jeunesse
et Sylvaine Peyrols

GALLIMARD 🍁 MES PREMIÈRES DÉCOUVERTES DE LA NATURE

D'où vient le feu des volcans?

Température
terrestre
la plus basse :
- 88°

Glace :
0°

Corps
humain :
37°

À l'intérieur de la terre,
il fait si chaud que
les roches fondent,
formant une pâte visqueuse :
le magma.
Parfois, celui-ci remonte à la surface
et jaillit brusquement,
formant alors un volcan.

La croûte terrestre est la partie supérieure du manteau :
elle ressemble à un puzzle dont les morceaux, appelés plaques,
sont sans cesse en mouvement les uns par rapport aux autres.

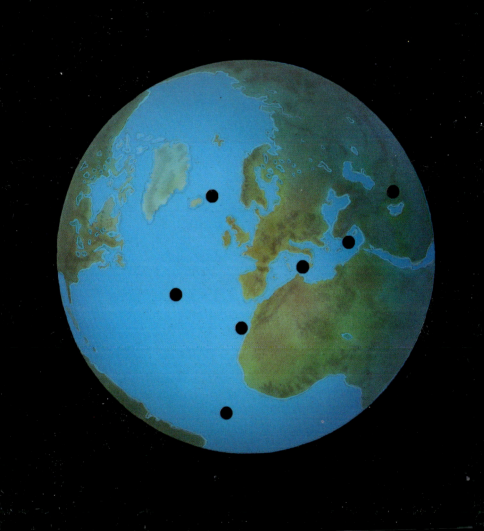

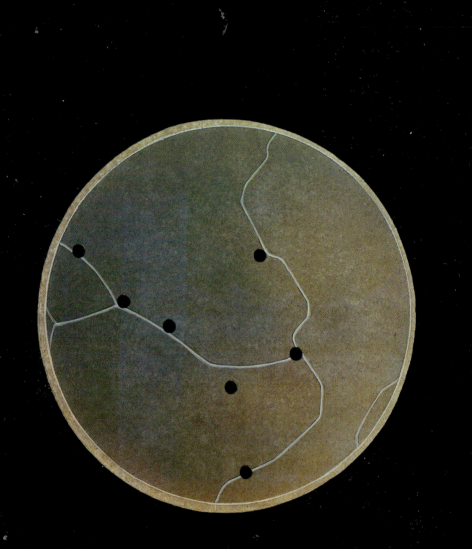

Eau
bouillante :
100°

Combustion
du bois :
250°

Flamme
de la gazinière :
660°

Éclair :
30 000°

Noyau
du soleil :
15 000 000°

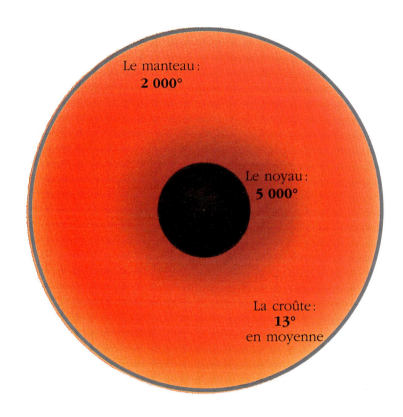

Le manteau :
2 000°

Le noyau :
5 000°

La croûte :
13°
en moyenne

Nous marchons
sur une couche de terre
épaisse de 40 à 100 km
qui flotte comme un radeau
sur le magma de roche fondue:
la lave.

Les volcans sont surtout situés
le long des frontières
entre les plaques.

Un volcan se forme lorsque le magma arrive jusqu'à la surface
et perce la croûte. Alors, la lave surgit.

Découvre l'activité interne
du volcan au moment
de son éruption.

Le cratèr

La lave

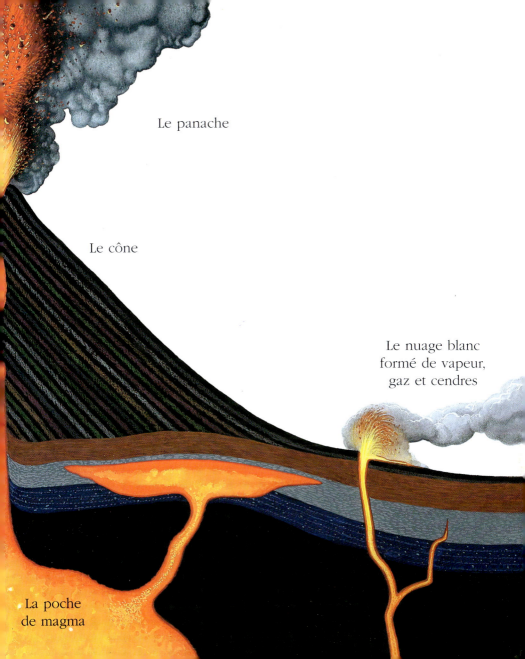

Le panache

Le cône

Le nuage blanc
formé de vapeur,
gaz et cendres

La poche
de magma

Les volcans
n'explosent pas tous
de la même façon.

Explosion en hauteur
de gaz, cendre et pierre ponce

Explosion en panache
de poussières et de gaz

Mont Mazama
Crater Lake
(États-Unis)
4800 av. J.-C.

Vésuve
(Italie)
79

Explosion
de lave visqueuse
et de bombes

Explosion et coulée
de lave chaotique

Explosion et coulée
de lave en fontaine

Krakatau
(Indonésie)
1883

Katmal
(États-Unis)
1912

Santa Maria
(Guatemala)
1912

Mont
Saint Helens
(États-Unis)
1980

Voici quelques exemples de résidus d'une éruption volcanique.

Petites pierres   Cendres   Poussières

Après l'éruption, la lave devient de la roche dure.

Le cône

Le cône ouvert

Le cône emboîté

Bombe
en croûte
de pain

Bombe
en bouse
de vache

Lave en fuseau

Lave en gouttelettes

Bombe
en choux-fleurs

Les volcans deviennent des montagnes aux formes variées.

Le lac cratère

Le dôme

Le double dôme

Beaucoup de volcans surgissent de l'océan.

La lave qu'ils crachent crée une terre nouvelle
qui forme une île.

Quelques années plus tard,
elle est recouverte de végétation.
Les graines sont apportées
par le vent et les oiseaux.

La pluie et la chaleur du soleil pénètrent dans la lave...

Après le séisme,
la végétation est très luxuriante
sur le flanc des volcans.

... et favorisent la croissance des plantes.

En refroidissant, la lave
se solidifie en roche
volcanique.

Diamant taillé

Diamant brut
dans sa gangue

Le diamant est la roche
la plus dure.

Quand la roche
se forme,
des bulles de gaz
créent des cavités
appelées géodes.
L'eau s'y infiltre,
et se transforme
en cristaux
qui se déposent
sur les parois
de la cavité.

Le basalte et le granit
sont les matériaux de construction
les plus répandus sur la terre.

Cristaux
de pyroxène
en forme
de croix

La pierre ponce
est une écume de lave
remplie de bulles de gaz.

Le volcanologue étudie l'évolution des volcans pour prévoir leur éruption.

Le mètre

Les jumelles

Le casque et les gants

Sa combinaison le protège de la chaleur brûlante.

Barre métallique pour prélever
des échantillons de lave

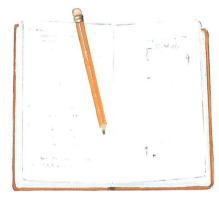

Le carnet de notes pour écrire
l'histoire du volcan

Le sismomètre capte des secousses
qui se produisent à des centaines
de mètres sous terre.

Le niveau détecte
les changements
d'inclinaison
du sol.

La boussole

Les taches sombres
visibles sur la Lune
sont des traces
de lave de volcans
très anciens.
On les appelle
des «mers»,
elles mesurent
des milliers
de kilomètres.

D'autres volcans
ont été découverts
dans l'univers.

Sur Mars, le mont Olympe, d'un diamètre de 500 km,
est le plus grand volcan du système solaire.

Mes premières découvertes

Responsable éditoriale : **Anne de Bouchony** • Maquette : **Concé Forgia**
Conseiller pédagogique : **Jean-Pierre Verdet**

ISBN : 2-07-053833-8
© Éditions Gallimard Jeunesse, 2003
Dépôt légal : avril 2003
Numéro d'édition : 014968

Imprimé en Italie par Editoriale Lloyd
Loi n° 49-956 du 16 juillet 1949
sur les publications destinées
à la jeunesse